TRASIBULE,

CANTATE SCÉNIQUE,

COMPOSÉE

Par M* A. L. BEAUNIER,

POUR LA FÊTE

DONNÉE A L'HÔTEL-DE-VILLE DE PARIS

A LEURS MAJESTÉS IMPÉRIALES,

LE XXV FRIMAIRE AN XIII (16 DÉCEMBRE 1804.)

Mutato nomine de te.
Horat.

A PARIS,

DE L'IMPRIMERIE DE P. DIDOT L'AÎNÉ.

SE VEND CHEZ MERLIN, LIBRAIRE, RUE DU HUREPOIX,
ET CHEZ LES MARCHANDS DE NOUVEAUTÉS.

AN XIII = M. DCCCIV.

N. B. La musique est de M. Berton, Professeur au Conservatoire.

EXTRAIT DE CORNELIUS NEPOS,

(VIE DE TRASIBULE.)

.... I LLI *sine dubio neminem præfero fide, constantiâ, magnitudine animi, in patriam amore.... Huic contigit, ut* (patriam) *a triginta oppressam tyrannis ex servitute in libertatem vindicaret.... Nam jam tum illis temporibus fortius boni pro libertate loquebantur, quàm pugnabant.... Usus est Thrasibulus non minus prudentiâ, quàm fortitudine.... Præclarum hoc quoque Thrasibuli, quòd, reconciliatâ pace, quum plurimum in civitate posset, legem tulit :* Ne quis ante actarum rerum accusaretur, neve mulctaretur : eamque illi legem oblivionis appellarunt.

JE ne mets personne au-dessus de lui (Trasibule) pour la bonne foi, la constance, la grandeur d'ame, et l'amour de son pays... Il délivra sa patrie de trente tyrans, et l'affranchit de l'oppression et de la servitude... Alors le courage des gens de bien consistoit plutôt à parler pour la liberté qu'à combattre pour elle... Trasibule fut aussi prudent qu'il s'étoit montré courageux... Mais ce qui mit le comble à sa gloire, c'est qu'après la conclusion de la paix, ayant acquis le plus grand crédit dans la ville, il fit porter une loi qui défendoit de rechercher ou de punir qui que ce fût pour les troubles passés : on appela cette loi *La loi d'oubli*.

EXTRAIT DE L'HISTOIRE ANCIENNE
DE ROLLIN (tome IV.)

.... Je ne puis m'empêcher de faire remarquer ici la sagesse et la modération de Trasibule, si salutaire et si nécessaire après de longs troubles domestiques : c'est un des beaux évènements de l'antiquité, digne de la douceur des Athéniens, et qui a servi de modele aux siecles suivants dans les bons gouvernements. Jamais tyrannie n'avoit été plus cruelle ni plus sanglante que celle dont Athenes venoit de sortir; chaque maison étoit en deuil, chaque famille pleuroit la perte de quelque parent: c'avoit été un brigandage public, où la licence et l'impunité avoient fait régner tous les crimes; les particuliers sembloient avoir droit de demander le sang de tous les complices d'une si criante oppression, et l'intérêt même de l'état paroissoit autoriser leurs desirs, pour arrêter à jamais, par l'exemple d'une sévere punition, de pareils attentats. Mais Trasibule, s'élevant au-dessus de tous ces sentiments par une supériorité d'esprit plus étendu, et par les vues d'une politique plus éclairée et plus profonde, comprit que de songer à punir les coupables, ce seroit laisser des semences éternelles de division et de haine, affoiblir par ces dissensions domestiques les forces de la république, qu'elle avoit intérêt de réunir contre l'ennemi commun, et faire perdre à l'état un grand nombre de citoyens qui pouvoient lui rendre d'importants services dans la vue même de réparer leurs premieres fautes. Cette conduite, après de grands troubles, a toujours paru aux habiles politiques le moyen le plus sûr et le plus prompt de rétablir la paix et la tranquillité.

PERSONNAGES.

TRASIBULE, général.
AGATHON, } généraux.
SOSTRATE, }
EUPOLIS, grand-prêtre de Minerve.
XÉNOPHON, historien.
LYSIAS, orateur.
TÉLESTES, poète dityrambique.
ZEUXIS, peintre.
PHYDIAS, sculpteur.
PHILOCLES, principal Athénien.

CLÉONE, } principales Athéniennes.
CYRENE, }
MINERVE.
Prêtres.
Généraux.
Marins.
Agriculteurs.
Artistes.
Enfants.
Soldats.
Athéniens.
Athéniennes.

La scène est à Athenes.

Le théâtre représente un quartier de la ville où l'on apperçoit un temple détruit, des autels renversés, des colonnes brisées, des statues mutilées, et un palais incendié dans lequel la flamme se montre encore : il fait nuit ; le théâtre n'est éclairé que par les restes de l'incendie ; des soupirs et des gémissements se font entendre dans le palais et dans le temple.

TRASIBULE,
CANTATE SCÉNIQUE.

PREMIERE ENTRÉE.

ATHÉNIENS, ATHÉNIENNES.

(Ils arrivent par diverses issues.)

ATHÉNIENS.
Ne verrons-nous jamais le terme de nos maux ?
L'anarchie au hasard a saisi sa victime ;
La patrie est en deuil : nous tombons tous égaux
    Sous la hache du crime.
Ne verrons-nous jamais le terme de nos maux ?
O liberté promise ! Athene est opprimée !

ATHÉNIENNES.
Sur le sein de sa mere éteinte, inanimée,
    L'enfant a vainement cherché
    Sa nourriture accoutumée ;
Dans le sein maternel le lait est desséché.

ATHÉNIENS, ATHÉNIENNES.
N'est-il point sur la terre une main qui punisse

D'aussi grands attentats?
Oh! qui nous sauvera de l'affreux précipice
Entr'ouvert sous nos pas?

PRIERE.

ATHÉNIENNES.

Divinité d'Athenes protectrice,
Minerve, vois nos pleurs; Minerve, écoute-nous:
Nous l'éprouvons, hélas! il n'est rien qui fléchisse
L'homme pervers en son courroux.

TOUS.

Divinité d'Athenes protectrice,
Minerve, vois nos pleurs: nous sommes à genoux.

CLÉONE, CYRENE.

Etouffez vos soupirs, ils vous seroient funestes;
Voyez ces champs déserts, ces autels renversés;
Frémissez:
De vos jours malheureux, ah! conservez les restes;
Faites du moins que vos tristes accents
Arrivent aux voûtes célestes
Sans être entendus des méchants.
(*La priere est reprise à voix basse.*)

SECONDE ENTRÉE.

LES MÊMES, PHILOCLÈS.

(*Le jour commence à parottre.*)

PHILOCLÈS.
J'apporte l'espérance au milieu des alarmes.
ATHÉNIENS, ATHÉNIENNES.
C'est Philoclès.
PHILOCLÈS.
Suspendez vos douleurs.
ATHÉNIENS, ATHÉNIENNES.
Que dites-vous ?
PHILOCLÈS.
Cessez de répandre des larmes ;
Je viens vous annoncer la fin de vos malheurs.
ATHÉNIENS, ATHÉNIENNES.
Parlez.
PHILOCLÈS.
Ne pouvant plus supporter sa misere,
Au temple du Destin le peuple s'est rendu :
Eumene renommé pour sa rare vertu
Pénetre jusqu'au sanctuaire,
Interroge le dieu... Les cieux ont répondu
Par un coup de tonnerre.
Saisi d'effroi le peuple a disparu.
Je reste avec Eumene : ô moment redoutable !

2

Dans le temple désert un foible jour a lui ;
Assis sur un nuage immense, impénétrable,
Le dieu descend... Un livre est placé devant lui :

   La terre s'entr'ouvre
   Et vomit des feux ;
   Le temple se couvre
   D'un voile orageux ;
   La foudre sillonne
   L'autel ébranlé ;
   L'horreur m'environne ;
   L'oracle a parlé :

« Je vois venir les jours de bonheur et de joie...
« Les Grecs avoient formé des desseins généreux ;
« Ces desseins des méchants sont devenus la proie :
« Un sauveur va paroître ; et c'est moi qui l'envoie :
 « Je suis celui qui regne sur les dieux. »

Sous les voûtes du temple alors s'est fait entendre
  Un bruit confus ; et je n'ai pu surprendre
Que le nom de *Memphis* doucement murmuré...
Un jour pur aussitôt dans le temple est entré.

   ATHÉNIENS, ATHÉNIENNES.

Qu'il vienne ce héros le salut de la Grece !
O jour trois fois heureux ! destins consolateurs !
Qu'il vienne ; il entendra l'hymne de l'alégresse ;
  Et son chemin sera semé de fleurs.

TROISIEME ENTRÉE.

LES MÊMES, SOSTRATE, SOLDATS.

SOSTRATE.
(*Il entre précipitamment.*)
Grecs, l'oracle a parlé; mais l'oracle désigne,
N'en doutez point, ce favori de Mars
Qui toujours des combats sut fixer les hasards :
D'aussi brillants destins c'est le seul qui soit digne.
Trasibule est aimé des rois qu'il a vaincus :
Il a soumis les peuples du Bosphore;
Il a porté sa gloire au-delà de l'Hæmus,
Sur les bords du Strymon, sur les monts d'Iassus,
En Elide, en Epire, aux plaines d'Epidaure;
Il est victorieux du couchant à l'aurore :
Trasibule est aimé des rois qu'il a vaincus.

SOLDATS.
CHOEUR.
Trasibule est aimé, etc.

PHILOCLÈS, *aux soldats.*
Ce héros a guidé vos pas à la victoire :
Il vous est cher; vous partagez sa gloire.
Mais ce sont nos malheurs qu'il faut envisager :
Un guerrier suffit-il en ce commun danger ?
Il nous faut un mortel audacieux et sage,

Dont le génie égale le courage,
Qui, créant des pouvoirs, puisse tracer des lois,
Qui, maîtrisant le sort des armes incertaines,
De l'Etat ébranlé resaisisse les rênes,
Grand par son caractere, et grand par ses exploits,
Bienfaisant pour le peuple, imposant pour les rois...
Voilà l'homme qui doit commander dans Athenes.

SOSTRATE.

Des destins éclatants par l'oracle annoncés,
Croyez-nous, Trasibule est le seul qui soit digne;
Lui seul arrêtera les pleurs que vous versez.

SOLDATS.

C'est lui, c'est lui que l'oracle désigne.

PHILOCLÈS.

S'il est ainsi, répondez-nous;
Dites-nous quels lieux de la Grece
Ont reçu ce guerrier vanté pour sa sagesse;
De lui porter nos vœux nous sommes tous jaloux.
Répondez.

SOSTRATE.

Trasibule, hélas! est loin de vous:
Précédé de sa renommée,
Il a traversé les deux mers;
De l'Egypte et de l'Idumée
Ce guerrier intrépide a franchi les déserts;
Thebe a, pour son armée, ouvert toutes ses portes;
Apamée, en ses murs, a reçu ses cohortes.
Il est bien loin de vous; mais il faut aujourd'hui

Demander au Sénat qu'il rentre dans Athenes :
Votre seul espoir est en lui.

PEUPLE, *avec abattement.*

Quand cesseront nos pleurs? quand finiront nos peines?

CHOEUR.

Que devient cet espoir si rempli de douceurs?
Des destins annoncés si Trasibule est digne,
Hélas! et si c'est lui que l'oracle désigne,
Quand finiront nos maux? quand cesseront nos pleurs?

(*La musique passe ici du chant le plus mélancolique au chant le plus aimable par une transition bien ménagée.*)

LE PEUPLE, *continue.*

Mais... le jour s'embellit... l'air s'agite et s'épure.
Quel ravissant spectacle à nos yeux vient s'offrir!
Nos ames, comme la nature,
Pour la premiere fois semblent s'épanouir.

PEUPLE, *derriere le théâtre.*

CHOEUR.

Trasibule du Nil a quitté le rivage;
Trasibule nous est rendu :
Un dieu près de lui descendu
L'a protégé dans son passage.

(*Le peuple de l'avant-scene est frappé de ces chants éloignés; il se retire vers le fond du théâtre pour écouter.*

PHILOCLÈS.

Quels doux accents! l'ai-je bien entendu?

Trasibule du Nil a quitté le rivage.

ATHÉNIENS, ATHÉNIENNES.

Bonheur inespéré ! retour inattendu !

PHILOCLÈS.

Un dieu près de lui descendu
L'a protégé dans son passage.

ATHÉNIENS, ATHÉNIENNES.

(*Ils répetent ces deux vers.*)

PEUPLE, *derriere le théâtre.*

Trasibule nous est rendu :
Pour la félicité d'Athenes
Trasibule étoit réservé.

PEUPLE, *de l'avant-scène.*

Le terme de nos maux est-il donc arrivé ?
Est-ce aujourd'hui que finissent nos peines ?

PEUPLE, *derriere le théâtre.*

Et la Fortune et Mars le servent à la fois.
Son retour imprévu nous rappelle à la vie.

PEUPLE, *de l'avant-scene.*

A ces chants d'alégresse allons mêler nos voix.
Dieux bienfaisants ! O grand homme ! ô patrie !

(*il sort.*)

(*Ce double chœur doit produire un chant décidé dans le lointain, et un récitatif simplement déclamé sur le bord de la scene.*)

IVME ET DERNIERE ENTRÉE.

(Le théâtre change ; il représente la ville d'Athenes et le Pirée : un arc de triomphe occupe le fond du théâtre ; le temple de Minerve est placé sur la gauche ; au moment où la toile se leve une marche se fait entendre dans le lointain : les corps qui composent la marche sont en mouvement sur le théâtre ; ils arrivent par l'arc de triomphe. La marche est ouverte par un corps d'agriculteurs précédé de Lysias ; viennent ensuite les marins et les commerçants, ayant Xénophon à leur tête ; ceux-ci sont suivis de femmes tenant leurs enfants par la main, et ayant devant elles Cléone et Cyrene ; le cortege des arts, composé de poëtes, de peintres et de musiciens, paroît ensuite ; il est conduit par Télestès, Zeuxis, et Phydias ; ce cortege est fermé par Eupolis, suivi d'un grand nombre de prêtres : arrive enfin Trasibule, accompagné de plusieurs généraux ; la marche est fermée par un corps de soldats suivi d'un peuple nombreux.

Dans cette marche pompeuse on danse, on jonche le chemin de fleurs, on joue de divers instruments, on brûle des parfums : les attributs de l'agriculture, de la marine et du commerce sont portés au milieu du corps des agriculteurs, des marins et des commerçants ; les peintres, les poëtes et les musiciens entourent le buste d'Homere ; les prêtres font porter au milieu d'eux la statue de Minerve.

Trasibule est en habit de simple Athénien ; il tient à la main une branche d'olivier ; les généraux qui l'accompagnent sont couverts d'armures riches et brillantes.

TRASIBULE, AGATHON, SOSTRATE, EUPOLIS, XÉNOPHON, LYSIAS, TÉLESTÈS, ZEUXIS, PHYDIAS, PHILOCLÈS, CLÉONE, CYRENE, PRÊTRES, GÉNÉRAUX, MARINS, AGRICULTEURS, ARTISTES, ENFANTS, SOLDATS, ATHÉNIENS, ATHÉNIENNES.

MARCHE.

CHOEUR GÉNÉRAL.
Trasibule nous est rendu.
Trasibule du Nil a quitté le rivage :
Un dieu près de lui descendu
L'a protégé dans son passage.
ATHÉNIENS.
Sa marche de l'éclair a la rapidité :
Tout cede à son génie ; il n'est aucun obstacle
Qui suspende sa volonté.

C'est le héros tant souhaité,
Le héros de Memphis annoncé par l'oracle.

ATHÉNIENNES.

(*Au moment où Trasibule se montre.*)

Vous le voyez, ce guerrier redouté;
Vous le voyez, le sauveur de la Grece:
Comme il est grand en sa simplicité!
C'est Alcide dans sa jeunesse.

COEUR GÉNÉRAL.

Trasibule nous est rendu;
Trasibule du Nil a quitté le rivage:
Un dieu près de lui descendu
L'a protégé dans son passage,

(*Chaque corps prend sa place sur le théâtre; les guerriers se rangent sous l'arc de triomphe; le corps des agriculteurs, des marins et des commerçants occupe le côté gauche; les femmes sont placées de ce même côté en avant; les prêtres occupent le côté droit; les artistes sont placés de ce même côté en avant.*)

TRASIBULE.

(*Il s'avance au milieu du théâtre.*)

J'ai vu vos maux, je suis venu:
Grecs, j'ai quitté pour vous les rives africaines.
Le désordre, le crime ont régné dans Athenes:
La Grece reprendra le rang qu'elle a perdu:
Elle aura sa splendeur antique, accoutumée...

J'ai le commandement d'Athene et de l'armée :
Pour vous donner la paix Trasibule a vaincu.
(Agathon fait placer Trasibule sous le péristyle
du temple de Minerve.)

PEUPLE.

CHOEUR GÉNÉRAL.

Honneur à Trasibule ! Il est grand, il est sage :
Il est notre sauveur ; il sera notre appui ;
Il est le dieu d'Athene... Approuve notre hommage,
O Minerve ! ô Pallas ! nous t'adorons en lui.

AGATHON.

Vous voyez un héros tout rayonnant de gloire.
Apprenez comme il sait user de la victoire :
Trasibule au Sénat avec nous s'est rendu ;
Et le Sénat, tel est l'ascendant du génie,
    D'un grand pouvoir l'a revêtu.
Il va nous gouverner ; le monde nous l'envie.
C'est à de telles mains qu'appartient le pouvoir :
L'anarchie un instant a décelé sa rage ;
Trasibule d'un mot a conjuré l'orage,
    Tout est rentré dans le devoir.

    De ses flots la mer orageuse
    Frappe le rivage impuissant ;
      Neptune impatient
      Éleve son trident ;
      L'onde respectueuse

Caresse le rivage, et coule lentement.

(*A la suite de ce couplet commencent les évolutions militaires : le corps des soldats défile devant Trasibule au bruit d'une musique guerrière ; chaque détachement salue Trasibule avec son étendard.*)

SOLDATS.

CHOEUR.

Garde-nous près de toi, guerrier infatigable ;
Nous te suivrons par-tout, jeune et vaillant guerrier ;
Nous ferons de nos corps un rempart formidable,
    Et nous serons ton bouclier.

(*Ici commencent les fêtes et les danses.*)

LYSIAS, *à la tête de quelques agriculteurs.*

Protege nos moissons ; fertilise la terre,
Aime le laboureur, et regle ses destins :
L'olivier de la paix repose dans tes mains.

XÉNOPHON, *à la tête de quelques marins.*

Protege nos moissons, mais déclare la guerre
A ces Phéniciens perfides et jaloux
Qui seuls osent prétendre à l'empire des ondes,
Et sur qui l'univers appelle ton courroux ;
    Commande sur les mers profondes,
    O Trasibule ! et venge-nous.

(*Les Athéniennes s'avancent avec des guirlandes et des couronnes ; les couronnes sont dépo-*

sées aux pieds de Trasibule ; les guirlandes sont suspendues aux colonnes du temple de Minerve.)

CLÉONE, CYRENE, *elles tiennent chacune deux enfants par la main ; elles les conduisent aux pieds de Trasibule.*

Ces enfants grandiront pour servir la patrie :
Protege-les, exauce une mere attendrie,
　　　Place-les sous tes étendards :
Moi-même je viendrai les couvrir de leurs armes ;
Quand ils seront par toi conduits aux champs de Mars
　　　Mes yeux verseront moins de larmes.

(*Le corps des artistes s'avance à son tour ; les musiciens sont à la tête, et jouent de divers instruments ; le théâtre est jonché de fleurs.*)

ZEUXIS, PHYDIAS, *ensemble.*

Trasibule, les arts vont régner avec toi.

ZEUXIS.

Un dieu m'anime ; il est en moi.

PHYDIAS.

Trasibule est le dieu qui m'échauffe et m'inspire.

ZEUXIS.

La toile parle.

PHYDIAS.

Et le marbre respire.

ENSEMBLE.

Nous saurons, ô grand homme, invincible guerrier,
Traduire ton génie, en traçant ton image :
A la postérité nous en ferons hommage,

Et la postérité te verra tout entier.

(*Les prêtres succedent aux artistes; ils brûlent l'encens sur des autels portatifs, qu'ils viennent placer auprès du temple de Minerve.*)

EUPOLIS.

Aux conquérants sers à jamais d'exemple,
Toi qui sais au génie allier les vertus;
Sage législateur; nos dieux nous sont rendus.
Trasibule, ô Pallas! vient de rouvrir ton temple;
Par lui ton culte est en honneur;
C'est là sa plus belle conquête.
Prêtres, courbez la tête
Devant le char triomphateur.

CHOEUR DE PRÊTRES.

Nos dieux nous sont rendus; leur culte est en honneur.
Trasibule, c'est là ta plus belle conquête:
Nous t'admirons, et nous courbons la tête
Devant le char triomphateur.

CHOEUR GÉNÉRAL.

Gloire lui soit rendue! Il est grand, il est sage:
Il est notre sauveur; il sera notre appui;
Il est le dieu d'Athene... Approuve notre hommage,
O Minerve! ô Pallas! nous t'adorons en lui.

MINERVE. (*Elle descend dans une gloire.*)

J'aime les Grecs, et je protege Athene:
Tressaille de plaisir, ô cité souveraine!
L'Olympe est satisfait, et les cieux vont s'ouvrir:
Offre aux regards des dieux, en ce brillant spectacle,

Le héros annoncé par la voix de l'oracle...
Trasibule est mon fils ; tressaille de plaisir.
(*L'Olympe entier paroît assis sur des nuages dans le fond du théâtre.*)

THÉLESTÈS.

(*il s'agite au milieu des danses ; il prend sa lyre, et paroît saisi d'une subite inspiration ; il erre au milieu de la fête.*)

DITHYRAMBE.

Je porte mes regards au séjour du tonnerre :
J'y vois celui qui regne sur les dieux ;
Mes pieds sont encor sur la terre ;
Ma tête est déja dans les cieux.
O divines clartés ! immuable lumiere !
Parle, ma lyre, et dis ce que je voi...
Un nouveau Trasibule apparoît devant moi...

Il accourt de Memphis ; en géant il s'avance.
Il a fait d'un grand peuple une famille immense ;
Il le gouverne en pere, il le défend en roi...
Parle, ma lyre, et dis ce que je voi.

Le peuple tout entier a tressé sa couronne :
Ses neveux sont assis sur les degrés du trône ;
Dans un long avenir leur regne s'offre à moi...
Parle, ma lyre, et dis ce que je voi.

Le Dieu de l'univers l'a reçu dans son temple ;
De bonheur enivré le peuple le contemple,
Verse des pleurs de joie, et lui donne sa foi.
    Heureux le peuple appelé sous sa loi !

CHOEUR FINAL.

Il accourt de Memphis ; en géant il s'avance.
Il a fait d'un grand peuple une famille immense ;
Il le gouverne en père, il le défend en roi.

Le peuple tout entier a tressé sa couronne :
Ses neveux sont assis sur les degrés du trône ;
Des hommes qui naîtront ils recevront la foi.

Le Dieu de l'univers ouvre pour lui son temple.
Heureux le souverain qui le prend pour exemple !
Heureux, heureux le peuple appelé sous sa loi !...

www.ingramcontent.com/pod-product-compliance
Lightning Source LLC
Chambersburg PA
CBHW060453050426
42451CB00014B/3304